AF313239

Mgr JULIEN
Évêque d'Arras

Le Conflit
des Intérêts et du Droit

CONFÉRENCE PRONONCÉE
A LA SEMAINE SOCIALE DE STRASBOURG

CHRONIQUE SOCIALE DE FRANCE
16, Rue du Plat, 16
LYON

Le Conflit des Intérêts et du Droit

Monseigneur,
Messieurs,

Il y a des assemblées qui prêtent de la lumière à l'orateur chargé d'exposer devant elles un sujet difficile et ardu. Je sens ma pensée soutenue et comme portée vers les hauts sommets par la communauté de sentiments et le culte du même idéal, qui nous fait en cette Semaine Sociale une seule âme et un seul esprit. Votre Grandeur, en particulier, Monseigneur de Strasbourg, m'envoie le rayonnement de sa vive intelligence et plus encore de son grand cœur, épris de justice chrétienne où s'accordent si bien l'amour de l'Eglise et de la France, dans l'amour de l'Alsace réintégrée. J'aime aussi à subir le charme de votre présence, à vous, Monseigneur de Genève et Lausanne, vous ne représentez pas seulement l'épiscopat d'une nation amie, mais il nous est doux de saluer en votre personne une noble « amitié française » (1). N'y a-t-il pas aussi des endroits prédestinés qui éclairent à l'envi des plus beaux arguments, une thèse où il s'agit de démontrer la primauté du droit sur les conjurations de la force et de l'intérêt. Qui donc oserait ici, dans Strasbourg, enfin redevenu français et pour toujours, refuser d'apercevoir le droit éclatant à nouveau, comme le soleil après une longue éclipse ?

Solem quis dicere falsum audeat ?

Nous disons le droit avant de dire les droits. Le droit existe, en effet, sous le nom de droit naturel, il est contemporain de la nature humaine. Il a ses origines dans le fait social, c'est-à-dire, dans la constitution naturelle et divine de la société des hommes. La société des hommes suppose un ordre supérieur à toute divergence particulière et par conséquent un lien entre les intelligences et les volontés : ce lien s'appelle la vérité, pour unir les intelligences ; il s'appelle le bien pour unir les volontés. De cet

---

(1) Mgr Ruch, évêque de Strasbourg, et Mgr Besson, évêque de Lausanne.

ordre moral nécessaire découle pour chacun des membres de la société à la fois un devoir et un droit ; un devoir, chacun devant à autrui de l'aider à réaliser l'idéal humain ; un droit, car ma dette envers autrui constitue une créance sur moi, autrement dit un droit. Le droit et le devoir sont ainsi corrélatifs et comme les deux faces d'une même médaille, laquelle est la représentation du bien propre à chacun et commun à tous.

Le bien, en effet, voulu de Dieu et imprimé par lui dans la raison humaine, commande à la fois le devoir et le droit. Le droit naturel est connexe à la loi naturelle. Le droit naturel est le pouvoir d'exiger pour soi l'application de la loi naturelle que les autres exigent de nous. « Ne fais pas à autrui ce que tu ne voudrais pas que l'on te fît à toi-même », voilà la loi naturelle. « Fais pour ton bien tout ce qui ne va pas contre le bien d'autrui », autrement dit, exige ton droit jusqu'à concurrence du droit d'autrui, voilà le droit naturel.

Il y aurait donc autant de droits que de personnes et autant de biens que de droits ? Oui, pourvu que les droits particuliers, comme les biens particuliers, ne soient que des applications particulières à des cas particuliers de l'unique droit et du bien unique, lesquels s'unifient encore dans la loi morale, unique et éternelle, immuable et universelle.

Voyons d'abord les biens, puisqu'ils commandent les droits. Le sujet concret du devoir et du droit est la personne humaine, la seule réelle, qui a son bien propre à atteindre, à savoir la perfection, par l'orientation de ses facultés vers leur fin, qui est le souverain bien, qui est Dieu.

Le bien personnel ou individuel est le premier dans l'ordre de l'action, selon la maxime connue : « Charité bien ordonnée commence par soi-même ». De là un droit correspondant, le droit individuel. En dehors de la personne humaine, y a-t-il des entités qui aient leur bien propre et leur droit corrélatif ? Oui, il y a les personnes morales qui s'appellent la famille, la patrie, l'humanité. Ce sont là des groupes naturels. Rien n'empêche de former d'autres associations qui auraient, elles aussi, la personnalité morale et pourraient revendiquer à ce titre leur bien et leur droit respectifs. Ici, le bien et le droit sont collectifs et, partant, plus étendus que le bien et le droit individuels. Ils lui sont supérieurs aussi, en extension, en pouvoir, en dignité ; ils s'appellent le bien commun, le droit commun. Mais s'ils dominent et dépassent le champ d'action de la personne humaine, ils n'en sont pas moins coordonnés au bien et au droit de chacun.

Le bien commun et le droit qui en résulte ont leurs degrés ; depuis la communauté de la famille ou de tout autre groupement volontaire, depuis la communauté d'un pays jusqu'à la grande communauté humaine. Les biens montent avec les droits en importance, et chacun est tenu de suivre dans l'estime des biens et dans le respect des droits la marche ascendante de cette hiérarchie, qui aboutit sans interruption jusqu'au bien suprême, jusqu'au droit vivant, jusqu'à Dieu. Tels des cercles concentriques qui vont sans cesse s'élargissant autour du même centre, la personne humaine. Et n'est-ce pas ce qu'a voulu dire dans une formule célèbre notre Fénelon :

« J'aime mieux ma famille que moi-même, j'aime mieux ma patrie que ma famille et j'aime mieux l'humanité que ma patrie » ; et il aurait pu ajouter : « J'aime moins l'humanité que Dieu ».

D'ailleurs, par un retour naturel des choses, la hiérarchie des biens et des droits redescend pour restituer à la personne humaine, en plus-value de perfection morale, tout ce qu'elle a consenti de sacrifice et de dépendance à l'égard des biens et des droits universels.

Supposez, Mesdames et Messieurs, chez tous les hommes la raison parfaite et la volonté droite, les biens et leurs droits correspondants s'étageraient comme d'eux-mêmes sans se heurter jamais et sans jamais entrer en conflit. Il n'en est pas, il n'en sera jamais ainsi. Il a fallu constituer, au-dessus des particuliers et des groupements intermédiaires, un gardien suprême des biens et des droits pour les empêcher d'empiéter les uns sur les autres et de se nuire mutuellement. De là, les gouvernements ou les Etats. L'Etat est le *custos justi*, le gardien du droit, c'est-à-dire de ce qu'il y a de proprement essentiel et immuable dans les droits de tous. L'Etat veille à ce que la recherche des biens, soit de personnes, soit de groupes, ne se fasse pas aux dépens du bien commun.

En tout ce qui ressortit au for externe, l'Etat a qualité pour ériger en pouvoir réel et en lois exécutoires les droits que les particuliers possèdent seulement comme un pouvoir moral, dépourvu de sanction.

C'est l'Etat qui sanctionne les droits civils plus ou moins étendus suivant l'ordre politique établi : c'est l'Etat qui ratifie les facultés ou jouissances, créées, ou acquises, ou transmises par conventions entre particuliers. C'est l'Etat qui érige en lois positives certaines données de la nature, telles que le mariage et la famille. Et lui-même, l'Etat, a ses droits propres qui sont ceux de la Société qu'il représente.

Au-dessus de l'Etat, l'humanité reconnaît ce qu'on appelle le droit des gens, mais on ne voit pas encore se constituer définitivement le pouvoir d'un sur-Etat qui aurait pour objet la défense des traités et des lois internationales.

Je m'excuse, Mesdames et Messieurs, de ce long et peut-être ennuyeux préambule, mais je l'ai cru nécessaire pour éclairer les avenues de la question que j'ai l'honneur de traiter devant vous ; à savoir le conflit des intérêts et du droit.

Les intérêts sont de deux sortes, les uns sont de l'ordre qualitatif, c'est-à-dire qu'ils se rapportent aux droits de l'homme en tant qu'homme, à sa vie morale, les autres sont de l'ordre quantitatif et se rapportent à la vie économique. C'est surtout des intérêts économiques que nous avons à nous occuper pour ne pas nous éloigner du sujet général des cours de cette Semaine Sociale. Mais nous n'aurons garde de nous étonner si nous rencontrons sous l'homme économique l'homme moral, puisque, sans l'homme moral, il nous serait interdit de parler de droit et de bien, même au point de vue matériel. Peu importe la matière du droit, le droit relève de la raison et de la conscience.

Deux causes de conflit peuvent naître : premièrement, d'une interprétation trop large de la légitimité des intérêts, c'est l'usurpation des intérêts sur le droit ; deuxièmement, d'une fixité intransigeante dans les applications du droit : c'est l'usurpation du droit ou prétendu tel sur les intérêts.

I

La notion du droit disparaît avec la notion du bien commun qui commande la subordination des intérêts particuliers à l'intérêt général.

Un intérêt séparé de l'intérêt général est un principe de trouble dans l'Etat. Le malfaiteur veut se procurer une jouissance immédiate. Tant pis si sa propre jouissance est le mal d'autrui ! Il aura, de force, ce qu'il ne peut avoir de droit. De là le vol, l'agression, le meurtre.

Le droit naturel autorise les particuliers à repousser la force par la force dans le cas dit de légitime défense.

Mais, le plus souvent, le dernier mot resterait au brigandage si l'Etat ne prenait pas à son compte, pour le défendre, le droit des particuliers, à qui manqueraient les moyens de le faire. Le droit de punir se relie au droit de réprimer les attentats, autrement le droit serait désarmé.

A l'Etat de ne pas se montrer faible, hésitant, dans le châtiment, mais au contraire ferme et décisif, de manière à ne pas laisser fléchir, dans le respect des honnêtes gens et dans la crainte des autres, la règle du droit.

La plus grave atteinte au bien commun n'est pas dans les délits des malfaiteurs isolés. Le mal du temps présent est dans l'idée que se font nombre de personnes de la lutte des intérêts dans la vie économique. C'est bien de lutte qu'il s'agit, et l'on ne se soucie pas tant de justice que de réussite, de probité que d'argent. Ce qu'on recherche avant tout, ce sont les gros bénéfices. Il faut bien que les autres en fassent les frais.

L'abus ne supprime pas le droit, mais, à la longue, la conscience publique s'oblitère, et une sorte de complicité tacite chez un grand nombre encourage le mercantilisme. D'ailleurs, le commerce ordinaire qui a franchi les bornes du juste prix, dans la vente des marchandises, pourrait, à la rigueur, abriter les licences qu'il prend avec la justice, derrière l'exemple que lui donnent, en plus grand, dans l'empire cosmopolite de la finance, les trafiquants de l'argent, les arbitres de la hausse et de la baisse du change. Ceux-ci tiennent en échec les revendications du droit international. Ils peuvent rendre vaines les décisions des justes victoires et les hécatombes de plusieurs millions de héros.

Que faire contre une puissance qui n'a pas même de nom et qui est partout à la fois ? C'est une question de morale encore plus que d'économie sociale. Sans doute l'Etat a les moyens de protéger le consommateur contre les prétentions exorbitantes du producteur et des intermédiaires. Mais il ne faudrait pas moins qu'une coalition morale des Etats honnêtes pour réprimer la politique, occulte et sans conscience, de l'internationalisme financier.

En présence de ces scandaleuses infractions que se permettent contre le droit de formidables puissances d'argent, on a presque regret d'avoir à se montrer sévère pour le peuple salarié qui élève ses propres intérêts au-dessus de l'intérêt public.

Une partie, en effet, de la classe ouvrière s'est posée en victime de l'état social, et ne s'est pas contentée de réclamer les avantages légitimes qui lui étaient dus, et qu'elle a, d'ailleurs, obtenus. Elle a la prétention de renverser l'ordre des valeurs sociales et de mettre le travail et les intérêts du travail au-dessus de toutes les institutions politiques. Toute la vie d'un peuple est réduite à la vie économique : tous ses intérêts ramenés aux intérêts économiques. Tout est production et consommation. Tout se passe comme si le peuple n'avait d'autre devoir que de manger et boire, que de se vêtir et s'amuser, d'autres droits que de se faire la part du lion dans la curée universelle. Tout ce qui est d'ordre moral semble s'évanouir faute de trouver un emploi.

Le conflit est grave, bien que le schisme communiste ait coupé en deux tronçons l'armée de la Révolution. L'organisation de la société sur les bases du travail paraît trop vague et trop lente au parti nouveau. Il faut faire table rase de tous les droits acquis et remettre les hommes en présence d'un ordre de choses primitif où tout est à tous, où personne ne possède rien en propre, où le peuple se gouverne tout seul, au moyen de conseils ou comités tout-puissants qui n'ont de comptes à rendre qu'au Comité central. Communisme ou bolchevisme, l'expérience se continue dans la malheureuse Russie, sans doute pour en inspirer au monde entier le dégoût et l'horreur. Toutefois, le reste de l'Europe n'est pas indemne du mal de l'anarchie. Le recours à la violence est un dogme pour le nouvel évangile. Le vieux monde est condamné, le vieux droit effacé, les vieilles nations doivent disparaître et faire place au règne de la fraternité humaine. En attendant, des flots de sang devront laver les crimes de la vieille société.

Remarquons-le, Mesdames et Messieurs, c'est d'un intérêt économique, à savoir l'égalité dans la jouissance des biens matériels, que part le mouvement révolutionnaire moderne. Mais, comme pour justifier le retour à la violence dans le renversement de l'ancien droit, il s'efforce d'improviser un droit nouveau. Le droit de l'individu devient le seul droit et tout ce qui en gêne le libre exercice est violemment supprimé, pour ne laisser aucune institution intermédiaire entre l'homme et l'humanité. Le droit de chacun étant supposé solidaire du droit de tous, et débarrassé des entraves qui l'asservissaient aux privilèges de quelques-uns, les hommes devront vivre désormais sous la seule loi de la fraternité universelle.

Ainsi, jusque dans leurs erreurs et leurs excès, les fauteurs d'anarchie ne croient pas pouvoir entraîner les foules après eux, sans s'adresser aux éternelles aspirations de l'âme humaine, la justice et la paix, comme si avant de briser l'idole, ils rendaient involontairement hommage au Dieu inconnu qu'ils cherchent encore.

Mais plus le conflit entre l'ordre établi et l'anarchie naissante est grave et menaçant, plus l'Etat, qui est le dépositaire du droit est obligé de réduire au silence et à la soumission la révolte des intérêts particuliers séparés de l'intérêt public. La force appelle la force, et la force qui a le droit pour elle ne doit pas reculer devant la force qui prend le masque du droit. Il ne suffit pas d'invoquer la liberté de la pensée et la liberté de la presse pour mettre à l'abri de la vindicte publique des opinions incendiaires et des appels à la guerre civile. Le droit n'est pas, d'ailleurs, une idée pure, une théorie, une doctrine qu'on puisse impunément livrer à la discussion, sans autre péril que le risque d'errer. Le Droit est écrit dans les lois du pays, et si l'Etat a la faiblesse de laisser tomber dans le mépris les lois qu'il a sanctionnées, n'y a-t-il pas là la plus redoutable des anarchies, l'abdication de l'Etat ?

Malheur au monde si la souveraineté des intérêts pouvait se substituer à la souveraineté du droit ! On a vu l'intérêt des particuliers, les intérêts d'une classe tenter l'entreprise, dans l'intérieur des nations. Là, le plus souvent, la force reste au doit et tout rentre dans l'ordre.

Mais le conflit le plus redoutable est celui qui met aux prises les intérêts d'un peuple avec le droit de l'humanité. Dans l'absence d'une Société des nations assez bien constituée pour imposer son arbitrage, au besoin par la force, qui donc empêchera la nation qui se sent la mieux armée d'ériger en droit son avantage du moment ?

Les exemples en sont nombreux dans l'histoire, mais le plus significatif de tous vient de se passer sous nos yeux et nous tient encore sous l'impression de l'horreur qu'il a produite dans le monde entier.

L'Allemagne, elle aussi, en était venue à séparer la conception de sa prospérité nationale du droit commun à toutes les nations. Elle aussi, comme les anarchistes de l'intérieur, elle voulait vivre. Elle se disait resserrée et comme à l'étroit dans ses frontières pourtant agrandies depuis 1870. Plus elle produisait, plus les débouchés manquaient à son industrie. Et la concurrence des peuples, bien que refoulée par son activité, ne laissait pas de paralyser son expansion commerciale et de lui causer une réelle souffrance. Un jour ne viendrait-il pas où l'Allemagne, en dépit de son esprit de discipline et de labeur, mourrait d'inanition auprès de ses vaines richesses accumulées ? Vivre donc, vivre avant tout, dût-elle se ruer sur l'Europe pour avoir de quoi manger ; voilà le cri qui s'échappait de l'intérêt. Il ne restait plus qu'à élever l'intérêt à la dignité d'un droit.

Vous savez, ici mieux qu'ailleurs, Mesdames et Messieurs, que l'Allemagne est un pays fertile en sophismes, et je vous fais grâce des raisonnements que la philosophie d'Outre-Rhin se chargea d'échafauder autour du « vouloir-vivre » féroce, qui fait sortir les bêtes des forêts et le soldat allemand des casernes. Il s'agissait de démontrer que la Deutschland avait seule le droit de manger à son appétit, étant seule digne de vivre, en vertu de son génie, en vertu de la mission qu'elle avait reçue d'en-haut de régénérer le monde vieilli et décomposé, à commencer par la France. L'Allemagne au-dessus de tout : voilà quel fut le principe du droit nouveau.

Par bonheur pour le monde, le vieux droit vivait encore. Il se dressa tout d'abord, indigné, sur le sol violé de la Belgique, qui porta contre le faux droit allemand, déguisé en Goliath, le coup de fronde dont il ne se relèvera plus. Vous savez le reste, Mesdames et Messieurs. Je n'ai pas besoin de faire ressortir ici, au cœur de l'Alsace affranchie, l'importance de la victoire française et alliée. N'eût-elle prouvé qu'une chose, à savoir que Dieu a mis dans le droit une force morale, invincible à toute autre force, que cela seul nous paierait des immenses sacrifices qu'elle a exigés. Puisse la leçon n'être pas perdue par la faute des vainqueurs, et que du moins la ligue des peuples civilisés se maintienne étroitement solidaire dans le conseil et dans l'action, de manière à pouvoir efficacement rappeler aux vaincus ce qu'il en coûte pour afficher le mépris de la justice et du droit des gens.

Discite justitiam, moniti, et non temnere divos.

II

Ainsi donc, Mesdames et Messieurs, le droit est attaqué toutes les fois que les intérêts particuliers et même collec-

tifs veulent obtenir satisfaction aux dépens d'un intérêt
supérieur auquel ils auraient dû se subordonner.

D'autre part, n'est-il pas des circonstances où c'est du
droit lui-même, ou trop rigide ou trop absolu, que vient le
conflit, justifiant ainsi la résistance des intérêts lésés et
l'effort qui en résulte pour assouplir et étendre le droit ?

On en convient, en ce sens que les bénéficiaires d'un
droit sont eux-mêmes, par un intérêt mal entendu, portés
à invoquer mal à propos le bénéfice du droit. C'est par la
faute des hommes et non du droit que le proverbe est né,
d'une application si courante : « *Summum jus, summa
injuria* ». C'est la lettre même de la loi qui, en bien des
cas, sert de prétexte à ceux qui veulent abuser de leur
droit. Ils se gardent bien d'en pénétrer l'esprit. Et puis,
la loi ne recommande pas tout ce qu'elle ne condamne
pas. Le droit du propriétaire n'autorise pas un abus qui va
contre l'intérêt général. Voici un homme qui transforme
de vastes champs bons pour la culture en terrain de
chasse : légalement, il en a le droit, mais il manque à un
droit supérieur au sien, le bien public. C'est aussi le tort
du bailleur d'immeuble qui refuse de louer sa maison à
d'autres qu'à des ménages sans enfants.

Les lois les mieux faites n'échappent pas à l'inconvé-
nient d'une interprétation étroite ou intéressée. Le droit
naturel et l'intérêt général fournissent les éléments d'une
jurisprudence qui corrige l'abus. Les citoyens peuvent
toujours en appeler au Conseil d'Etat, lequel, à l'exemple
des préteurs romains, s'efforce, par des procédés élégants,
de rectifier le droit : « *Corrigendi juris civilis gratia* ».

Il y a plus, si l'on excepte les prérogatives essentielles
de la nature humaine, qui constituent le droit naturel, en
ce qu'il a d'immuable et d'universel, le droit en général,
c'est-à-dire l'ensemble des droits qui peuvent être con-
vertis en une législation extérieure, est loin d'avoir la
fixité et la rigidité qu'on lui prête volontiers. Si l'on veut
le comparer à une ligne de démarcation qui sépare les
intérêts pour les empêcher de se nuire et de se combattre,
il faut bien admettre que cette ligne se déplace, s'étend,
s'assouplit pour donner accès à des intérêts qu'elle avait,
jusque-là, tenus à l'écart. Que de changements dans le
droit se sont effectués au cours de l'histoire : droit individuel, droit familial, droit politique. Je n'en discute pas ;
je constate que selon les temps et selon les pays, chacun
d'eux a subi d'importantes modifications.

Plaçons-nous au point de vue économique qui nous occupe et qui, d'ailleurs, est la résultante du point de vue moral. Que voyons-nous ? L'antiquité ne conçoit pas le travail manuel sans l'institution de l'esclavage. La cité n'existe que par des citoyens libres, et il est indigne d'un citoyen libre de se livrer à des ouvrages vulgaires. La liberté veut des fonctions libérales. Il faut donc des esclaves pour accomplir les autres, qui s'appelleront serviles. Et cela semblait naturel, c'est-à-dire fondé en nature et en droit, à un Aristote, à un Platon !

Vous savez, Mesdames et Messieurs, que le christianisme enseigna, dès l'abord, que tous les hommes sont égaux devant Dieu et frères dans le Christ. C'était le renversement du droit païen. Toutefois, l'Eglise n'eut garde de prêcher la révolte des esclaves et d'entrer en conflit avec l'organisation de la cité antique. Elle laissa faire l'esprit qui soufflait en elle, et c'est seulement par la douce influence de la charité et de la justice nouvelles que peu à peu les affranchissements successifs entraînèrent dans la société transformée l'avènement du droit chrétien qui libérait les hommes.

Mais la question du travail manuel restait le grand obstacle à la liberté complète. La féodalité ne parvint à cultiver la terre qu'en asservissant le paysan à la glèbe par un reste d'esclavage, appelé le servage. C'était un pas de fait vers le droit : ce n'était pas encore le droit définitif. Le salariat, en affranchissant l'ouvrier du joug de la chose ouvrable, le laisse encore dans la dépendance à l'égard des employeurs ; c'est le droit d'aujourd'hui. Sera-t-il le droit de toujours ? Je me garderai de faire au pied levé le prophète, mais qui sait, si, dans un siècle ou deux, un orateur de Semaine Sociale ne parlera pas du salariat en ses modes actuels, au passé, comme nous parlons en ce moment du servage ? Ce que je veux retenir seulement des leçons de l'histoire, c'est que les mœurs et la législation ont à plusieurs reprises intégré dans le droit des intérêts qui, la veille encore, paraissaient incompatibles avec le droit.

Mais à quoi bon chercher loin derrière nous des exemples que nous pouvons trouver près de nous ? Il n'y a pas si longtemps que régnait partout le libéralisme économique sanctionné par la loi, ou plutôt par la carence de la loi. Le travail est libre, disait-on ; les intérêts sont libres, comme le citoyen est libre politiquement ! Le droit n'a d'autre frontière que l'activité de la personne humaine.

Aucune entrave, mais non plus aucune aide. Laissez faire
le jeu des intérêts individuels, sous le couvert de la liberté, et tout ira bien : il en résultera un prodigieux essor
de l'industrie qui renouvellera la face du monde. Sans
doute, le profit n'en sera pas également partagé. Le travail sera rétribué selon la loi du commerce, la loi de
l'offre et de la demande. Tant pis pour les travailleurs si
le travail vient à manquer ! Tant pis encore si le travail
surabonde. Ils ont le droit individuellement de ne pas
accepter les conditions qui leur sont faites, le droit de
mourir de faim. La morale est sauve, puisque le droit au
travail est sauf. Voilà l'aboutissement logique de la liberté
absolue dans l'ordre économique.

C'est la souffrance qui ouvre les yeux des hommes sur
l'injustice de certaines situations. Il fallut en convenir :
la morale ne pouvait pas être sauve, tant que le travail
de l'homme, qui est un acte moral, était considéré comme
une vile marchandise, tant que la classe la plus nom-
breuse de la Société était à la merci des spéculations et
des chômages, à peine assurée du pain de chaque jour,
encore moins du pain du lendemain. Un intérêt si vital ne
pouvait être indéfiniment sacrifié à une conception étroite
et cruelle de la liberté. Un droit supérieur, un droit social
devait exister qui obligeait à traiter l'ouvrier comme un
homme, à lui assurer le salaire suffisant, le juste salaire,
en tenant compte des charges de famille et du prix de la
vie. Les intéressés furent les premiers à comprendre que
le fameux droit individuel, présent de la Révolution, de-
meurait inefficace et platonique s'il n'abdiquait pas entre
les mains d'associations ou de syndicats qui lui donne-
raient une valeur devant les droits concurrents, et une
force légale pour se défendre contre l'injustice et les abus.
En même temps, le réveil religieux replaçait les exigences
de la morale chrétienne devant les consciences des grands
patrons. Aussi, avant l'intervention de l'Etat, ceux-ci com-
mencèrent à donner l'exemple de la charité, en attendant
l'heure de la justice, et ils se mirent à traiter leurs ouvriers comme les membres d'une seconde famille. Et puis,
retentit tout à coup, au milieu des luttes sociales et des
cris de révolte, la haute voix pacificatrice de Léon XIII,
ramenant du fond des siècles catholiques le vieux droit
oublié du travail chrétien, pour en faire l'application aux
temps nouveaux : *Rerum Novarum !*

Ainsi, sous une double poussée, celle des intérêts ouvriers, soulevés par la misère, et celle de la morale évan-

géique à nouveau victorieuse, les gouvernements furent
amenés à voter des lois protectrices du travail et à donner
aux revendications des travailleurs la consécration du
droit.

Voilà, Mesdames et Messieurs, des faits qui semble-
raient prouver, à l'encontre de nos principes, que le droit
n'est pas la règle immuable que nous avons dite, fondée
sur la nature de l'homme, mais qu'il a besoin pour se
mettre en harmonie avec l'évolution des sociétés de se
soumettre lui-même à une perpétuelle évolution. Autant
dire alors que le droit n'est pas et que les droits précaires
dont jouissent les hommes à un moment donné ont leur
source dans la loi, c'est-à-dire dans la volonté du souverain.

Or, c'est là ce que nous ne pouvons pas, ce que nous ne
voulons pas dire. Comment donc concilier cette apparente
fluctuation du droit, que nous venons de saisir sur le vif,
avec la réelle immutabilité du même droit ?

Que le droit naturel soit aussi constant et aussi inva-
riable que la nature, cela est évident, pour quiconque
admet que la nature de l'homme, raisonnable et libre, ne
peut trouver sa perfection que dans la connaissance d'une
vérité qui ne change pas et dans la possession d'un bien
qui ne se corrompt pas. Mais qui ne comprend que l'application du droit naturel aux formes multiples et diver-
ses de la vie ne soit elle-même multiple et diverse, et que,
péchant ici par insuffisance, là par excès, elle ne rem-
plisse jamais tout son objet et doive incessamment tendre
à se réaliser de plus en plus ?

Quand un particulier ou un groupe social de particuliers prend la conscience plus nette de ses intérêts et souf-
fre de ne pas les voir incorporés dans l'organisation générale du bien public, ce n'est pas de ses plaintes et de ses
réclamations que naît son droit. Ce n'est pas non plus
parce que la législation finit par reconnaître le bien-fondé
des intérêts en cause que ceux-ci deviennent le droit. En
effet, si les intéressés ont fait appel au droit, c'est donc
que le droit existait avant leurs intérêts. Si le législateur
a ratifié le fait social nouveau qui s'imposait à son atten-
tion, il n'a pas créé un nouveau droit : il s'est contenté de
son rôle de juge et d'interprète ; il a prononcé en faveur
des requérants, parce que leur requête s'accordait avec
les règles générales et inflexibles du droit naturel. Tout
peut varier en effet, les conditions extérieures de la vie, de
la politique et des relations sociales. Les lois, expression

du bien public, dans ses rapports avec le bien des particuliers, doivent nécessairement épouser les contours varia-
bles de la société ; mais si les lois veulent être justes, il
leur faut garder le contact avec ce qu'il y a de perpétuel et
d'imprescriptible dans le droit naturel. C'est une grande
erreur de penser et de dire que la loi a sa raison dernière
dans la volonté du souverain, peuple, ou monarque.
Avant la loi, avant la volonté souveraine, avant les Parle-
ments, il y a le droit d'où la loi découle plus ou moins
immédiatement et d'où elle tire sa légitimité. Ce qu'elle
doit au pouvoir constitué, à l'Etat, c'est, avec la présomp-
tion du droit, l'autorité pour se faire obéir au besoin par
la contrainte et par la force.

Ce n'est donc pas, à proprement parler, avec le droit
que les intérêts, même légitimes, peuvent entrer en conflit, mais avec une législation transitoire qui a cessé d'être
en rapport avec la justice et la réalité.

III

Reste à se demander, quels sont les moyens permis
dans la bataille pour le droit. En attendant leur victoire
et pour l'obtenir, quelle devra être l'attitude des particuliers ou des groupes intéressés ?

C'est une question depuis longtemps débattue dans
l'Ecole de savoir s'il est permis à un peuple de se révolter
contre un gouvernement tyrannique. Théoriquement la
réponse est aisée et, après Aristote, Saint Thomas appuie
le droit de sédition sur le raisonnement suivant : Un
pouvoir tyrannique n'est pas conforme à la justice, parce
qu'il n'est pas subordonné au bien commun, mais au
bien particulier du prince. Et, par conséquent, le renversement de ce régime (qui est un désordre) n'a pas le
caractère d'une révolte (1).

Est-il besoin d'ajouter que le recours à la sédition est
un moyen dangereux et qui cause souvent au peuple un
dommage plus grave que le joug même du tyran ? Bossuet
n'approuve, en aucun cas, les rébellions. « Les monar-
chies les plus absolues, dit-il en son Vᵉ avertissement
aux Protestants, ne laissent pas d'avoir des bornes inébran-

---

(1) Saint Thomas : *Somme secunda secundæ*, 9, XLII, art. 2.

lables dans certaines lois fondamentales, contre lesquelles on ne peut rien faire qui ne soit nul de soi. Ravir le bien d'un sujet pour le donner à un autre est un acte de cette nature : on n'a pas besoin d'armer l'oppressé contre l'oppresseur ; le temps combat pour lui ; la violence réclame contre elle-même et il n'y a point d'homme assez insensé pour croire assurer la fortune de sa famille par de tels actes. » (1).

Si l'insurrection se justifie dans le cas de l'oppression générale de tout un peuple, elle ne saurait être légitime dans les cas restreints ou quelques-uns seulement sont opprimés. L'exemple des premiers chrétiens est irrécusable. Ils désobéissaient à la loi sur le point précis où elle était injuste ; ils mouraient pour obéir à une loi plus haute et plus souveraine. En celà ils affirmaient la liberté absolue de la conscience sur laquelle aucune autorité humaine n'a de pouvoir. Ils attestaient l'existence d'une loi divine supérieure aux lois écrites, comme disait l'Antigone antique, déjà chrétienne sans le savoir. Mais pour le reste, ils étaient les plus dévoués des citoyens, non seulement par nécessité, mais par conscience. Ils priaient pour leurs persécuteurs et ils servaient l'empire dans les fonctions publiques et dans l'armée.

L'exemple des chrétiens ne prouve qu'une chose, disent les partisans de la violence. Ils renonçaient au droit qu'ils avaient de se défendre, par délicatesse de conscience. On n'est jamais tenu d'user d'un droit.

« Mais non, répond Bossuet, il ne s'agit pas seulement d'un conseil ou d'un mieux ». Non seulement les propres paroles du Christ et des Apôtres : « Rendez à César ce qui est à César, obéissez aux rois, aux magistrats, aux maîtres quels qu'ils soient, même fâcheux et inexorables », mais encore la pratique des premiers siècles s'oppose à cette interprétation.

On a dit encore : les premiers chrétiens n'ont pas résisté parce qu'ils sentaient qu'ils n'étaient pas les plus forts. Voyez-vous les disciples du Christ jouant la comédie de la soumission et tenant en leur cœur le langage que leur prête ironiquement notre guide en cette controverse : « Il est vrai, sacrés empereurs, c'est Bossuet qui parle, vous n'avez rien à craindre de nous, tant que nous serons dans l'impuissance, mais si nos forces augmentent assez pour vous résister par les armes, ne croyez pas que nous

----

(1) V⁰ avertissement aux Protestants. L. LVI.

nous laisserons ainsi égorger. Nous voulons bien ressembler à des brebis, nous contenter de bêler comme elles, et nous couvrir de leur peau pendant que nous serons faibles, mais quand les dents et les ongles nous seront venus comme à de jeunes lions et que nous aurons appris à faire des veuves et à désoler les campagnes, nous saurons bien nous faire sentir et on ne nous attaquera pas impunément ». Avoir de tels sentiments, conclut Bossuet, n'est-ce pas sous un beau semblant d'obéissance et de modestie couver la rébellion et la violence dans son sein ?

Faudrait-il chercher longtemps dans notre Société pour rencontrer des hommes qui nourrissent réellement dans le secret de telles pensées et qui attendent seulement pour se rebeller contre l'ordre social que les dents et les ongles leur soient venus ?

C'est toujours un jeu dangereux, si même ce n'est qu'un jeu, de prêcher le droit à la violence, même pour conquérir un droit. L'idée peut laisser froids et sceptiques ceux-là mêmes qui l'ont lancée, mais une fois partie, ils ne peuvent plus la retenir, et si elle est tombée dans des milieux où l'on peine, où l'on s'excite, où l'on a l'orgueil de la force, elle peut provoquer la haine et la Révolution.

La violence est d'autant plus criminelle qu'elle va contre son but. Elle fait échec à ce qu'elle veut obtenir. Si c'est le droit qu'on réclame, que l'on prenne les voies du droit. A-t-il existé des régimes où le pouvoir souverain était trop haut et trop isolé pour entendre les cris de la rue ou les revendications populaires ? Toujours est-il que nous n'en sommes plus là. Une classe se juge-t-elle opprimée ? Elle a les moyens de le dire. Elle a le suffrage ; elle a les voix de la presse ; elle a les facultés des syndicats. Qu'elle justifie ses exigences et les fasse passer dans la législation. En attendant, qu'elle prenne patience et demeure soumise aux lois. Vouloir tout bouleverser, pour un intérêt limité, ce n'est plus avoir le droit pour soi ; c'est mettre contre soi tout l'ordre public menacé, toute la force publique établie pour le maintenir.

Toutefois, sans vouloir médire de la constitution qui nous régit, on peut affirmer que l'Etat, avec ses organes actuels, est fort empêché de réaliser la justice parfaite, la coordination des intérêts particuliers avec les intérêts plus généraux de la nation. La tâche est immense et n'y eut-il que les questions économiques, ne constatez-vous pas, Messieurs, au cours de vos travaux de cette Semaine, que l'Etat ne s'est pas encore donné les institutions adaptées aux nouveaux devoirs qui lui incombent ? S'agit-il de l'élaboration des lois ? Les Chambres s'y emploient de leur mieux. Mais ne sent-on pas le besoin d'un Parlement professionnel dont la compétence serait du moins incontestée et présenterait à la sanction du Parlement politique les projets de lois dûment élaborés ? La politique aurait encore sa place à tenir. En admettant une organisation aussi complète que possible des activités sociales et des droits qui leur sont propres, il resterait à la politique de faire converger tous les organismes vers l'unité de direction, en vue de sauvegarder le bien commun et de lui subordonner les autres biens par ordre d'importance. En ce sens la politique serait la plus haute et la plus nécessaire garantie du droit de chacun et du droit de tous.

Malheureusement la politique réelle ne correspond pas à cette définition.

Ainsi l'Etat risque de ne pas accomplir sa fonction, qui est de réaliser le bien comun en disciplinant toutes les énergies privées ou publiques autour de ce seul objet. Il faut inventer l'organisme assez détaché des conflits, assez indépendant des influences, assez stable, en dépit des fluctuations électorales pour constituer une sorte de tribunal du droit chargé de réviser, s'il y a lieu, les jugements que les Chambres énoncent sous forme de lois. Telle est la Cour suprême des Etats-Unis qui a mission de soumettre à un examen impartial toutes les lois nouvelles pour s'assurer qu'elles sont en conformité avec la justice et le droit. A cette hauteur la passion des partis n'aurait point accès, et l'amour du bien public aurait un foyer qui rayonnerait sur les institutions de tout ordre, éclairées et soutenues par ce puissant recours.

Une telle institution qui servirait de garantie au droit dans l'intérieur des Etats ne pourrait-elle pas être appliquée à la défense du droit des gens et au maintien de la paix dans les relations des Etats entre eux ? Le principe de l'indépendance réciproque entre les nations ne peut-il donc se concilier avec l'établissement d'un *Conseil permanent* investi de l'autorité nécessaire, composé des délégués de toutes les nations, avec pleins pouvoirs pour trancher les litiges d'ordre international ?

Pourquoi ce qui est bon pour les particuliers dont les procès se règlent devant un tribunal, relativement à peu

de frais, ne le serait-il pas pour des peuples dont les
querelles aboutissent à des guerres ruineuses ? Est-ce que
la justice serait impuissante à juger au delà des frontières
ce qu'elle est appelée à punir en deçà ? Aime-t-on mieux
livrer le droit à la force en laissant les petites nations à
la merci des grandes ? D'où viendrait à chaque nation
le privilège d'être en matière de justice à la fois juge et
partie ? Et pourquoi n'aurait-elle à regarder au-dessus
d'elle que la seule justice de Dieu ? Pourquoi l'humanité,
totale, supérieure aux intérêts de ce qui n'est qu'une
partie de l'humanité, n'aurait-elle pas aussi, sa « Cour
Suprême », juge et défenseur de ses droits contre la violence et l'usurpation ?

Saluons donc ici, Mesdames et Messieurs, comme une
émanation de l'esprit de l'Evangile, oui, saluons, bien
loin d'en sourire, cet essai de la Société des Nations,
encore incertain, mais qui est l'espoir de l'avenir. Deux
choses lui manquent, je le sais, un fauteuil de choix
réservé au représentant naturel de la paix chrétienne, le
Pape, Vicaire de Jésus-Christ, et puis le moyen de rendre ses sentences exécutoires. Oui, pour que le monde soit
obligé de s'en rapporter à l'arbitrage du Conseil suprême,
donnez-lui l'arbitre sacré, que son sceptre de souverain
des âmes met au-dessus de tous les souverains et à l'abri
des vues intéressées. Oui, si elle veut effrayer à jamais les
malfaiteurs des frontières, la justice internationale ne
doit pas être désarmée. La force ne fait pas le droit, mais
une fois proclamé, le droit, pour s'imposer aux résis-
tances possibles, ne peut se passer de la force.

Quid leges, sine moribus prosunt ? A quoi bon des lois
si les mœurs ne sont pas d'accord avec les lois ? Et les
mœurs, qui les maintiendra, si la conscience n'est pas
la gardienne du droit ? C'est en vain que les Etats pro-
tecteurs et régulateurs des droits des citoyens, entasse-
raient code sur code et décrets sur décrets, le vrai point
d'appui de l'ordre social c'est le consentement de la conscience publique à la hiérarchie nécessaire des droits,
d'une part, et de l'autre, le dévouement absolu des repré-
sentants de l'autorité aux véritables intérêts de leurs
subordonnés. Deux choses, en effet, importent à la paix
sociale et contiennent la solution des conflits sans cesse
renaissants entre les intérêts et les droits. Et ces deux

choses sont d'essence religieuse et particulièrement d'essence chrétienne. Tout d'abord, du côté de ceux qui commandent, le sentiment intime qu'ils ont reçu le pouvoir non pour leur intérêt personnel, mais pour l'intérêt général. Et puis, du côté de ceux qui obéissent, le sentiment corrélatif que l'intérêt général domine leur intérêt personnel et qu'ils ont le devoir de soumettre leur volonté à l'ordre légitime, même s'il leur en coûte quelque sacrifice.

C'est là la pure doctrine que l'Eglise a reçue de son divin fondateur et que la civilisation chrétienne avait sucée avec le lait. Quand le Christ disait à ses disciples : « Je suis venu, non pour être servi, mais pour servir », quand il leur montrait que les chefs d'Etats sont placés pour le bien des sujets et non pas les sujets pour les chefs d'Etats, il traçait le devoir à tous ceux qui auraient charge d'âmes ou d'intérêts : il définissait à l'avance le pouvoir comme une fonction, et la fonction comme un service public. Et l'Eglise développait l'enseignement de son Maître ; et Saint Paul, exposant que l'autorité vient de Dieu, n'en tirait pas seulement pour les Chrétiens la raison de leur obéissance ; il faisait voir à ceux qui avaient l'honneur de commander qu'ils tenaient la place de Dieu et devaient imiter l'exemple de la Providence divine. La Providence a soin de traiter les hommes avec beaucoup d'égards et tient compte de la liberté qu'elle leur a donnée en apanage. C'est par des moyens de douceur et de force sagement combinés qu'elle conduit chacun de nous à sa fin. Elle semble en vérité n'avoir d'autre but que de se mettre au service de tous et de chacun ; et cependant elle est au-dessus de tous, étant le souverain bien, le droit souverain qui pourrait tout rapporter à soi sans autre considération de sa propre gloire.

Mais, hélas, n'imite pas la Providence qui veut ! Pour devenir vraiment le chef d'un service et le serviteur de la fonction, pour avoir l'idée pleine du bien commun et faire concourir à cette fin toutes les bonnes volontés, il faut croire qu'il y a dans l'autorité quelque chose de divin. Ce serait peu d'attendre, pour s'y appuyer, l'investiture des hommes si, en désignant l'élu de leur choix les hommes lui donnaient seulement ce qu'ils ont d'autorité. Heureusement en créant l'homme pour la société et la société pour l'homme, Dieu a établi un ordre social fait de justice et de bonté, à l'image de sa Providence, et toutes les fois qu'un homme sort du rang pour représenter cet ordre social, sous quelque forme que lui vienne le pouvoir, le pouvoir dont il est investi le dépasse de toute l'étendue et de toute la hauteur du bien commun, de ce bien commun qui, au dire de saint Thomas, est *quelque chose de divin*. Et toutes les fois que l'homme commande, ce n'est pas seulement de droit humain, de par ceux-là qui l'ont choisi, mais de droit divin, de par celui qui est le principe de l'ordre social et de l'autorité qui le maintient.

Donnez donc aux hommes d'Etat, à quelque degré qu'ils soient placés de la hiérarchie, cette haute conscience de leur mission, et soyez assurés que l'Etat sera bien servi.

C'est à la conscience également que se ramène chez les subordonnés la reconnaissance de ce qu'il y a dans le droit d'irrésistible et de sacré. Le plus grand mal qui puisse désoler une nation vient de ce que la nation s'accoutume de considérer le droit comme extérieur à la loi morale et soumis à la volonté du législateur. Il en résulte que l'obéissance se règle sur la lettre de la loi et s'efforce de la faire plier aux caprices de l'intérêt. L'ordre peut à la rigueur régner au dehors, mais le désordre est en dedans qui n'attend que l'occasion pour tout bouleverser. Celui-là détruit la racine de son propre droit qui ne reconnaît pas le droit des autres. Autant qu'il est en lui, il livre la société à l'anarchie dans laquelle chacun se satisfait sans considération du bien des autres. En dernière analyse, l'ordre social exige l'adhésion de la conscience à la souveraineté spirituelle et divine du droit sur tous les hommes et par conséquent au devoir de soumettre volontairement ses actes publics à la loi civile aussi longtemps qu'elle est l'expression du droit. C'est la consigne chrétienne donnée par Saint Paul : « Que toute âme soit soumise aux autorités, car il n'est pas d'autorité qui ne vienne de Dieu et ne soit instituée par lui. Celui qui résiste à l'autorité résiste à l'ordre de Dieu et mérite condamnation. Le prince est ministre de Dieu pour le bien et il est chargé d'exercer la vengeance divine sur les malfaiteurs. Il est donc nécessaire de lui obéir par devoir plus encore que par crainte » (Rom. xiii. I.) Ainsi comprise, ainsi transposée dans un plan supérieur, l'obéissance est une dignité qui rapproche dans la même soumission à la même souveraineté du bien public, le prince et les sujets, les chefs d'Etat et les citoyens. Dira-t-on que les intérêts particuliers risquent d'être laissés en souffrance, faute de pouvoir produire librement leurs réclamations ? C'est le contraire qui arrivera si chacun, en haut comme en bas, tient toujours présente à sa conscience l'image du droit.

De plus, les intérêts particuliers, grâce à la subordination consentie à l'intérêt général, accepteront la loi inéluctable du sacrifice, sans laquelle les conflits des intérêts et du droit seraient une occasion de trouble incessant. « L'abandon de soi, dit justement Lamennais, dans les membres d'une société quelconque, est la première condition de l'existence de cette société. Ainsi la religion, société entre Dieu et l'homme, est fondée sur le don mutuel, sur le sacrifice de Dieu à l'homme et de l'homme à Dieu, et la société humaine est également fondée sur le don mutuel ou le sacrifice de l'homme à l'homme ou de chaque homme à tous les hommes et le sacrifice est l'essence de toute vraie société » (1).

Doctrine assez ardue, j'en conviens et peu accessible aux esprits modernes qui, sans mettre en cause directement l'existence de Dieu, s'imaginent pouvoir se passer de Dieu et de la croyance en Dieu pour donner de solides assises au droit de commander et au devoir d'obéir. Mais l'expérience se charge sous nos yeux de précipiter la faillite du droit purement humain.

Ce n'est pas a dire que, en vérité, le droit ne soit pas fondé en nature et qu'il n'ait pas dans la raison humaine de titre suffisant. Mais c'est dire que la nature et la raison ont leur titre plus haut qu'en elles-mêmes et ont besoin pour s'imposer aux hommes de remonter jusqu'à Dieu.

Voyez plutôt ce que deviennent la nature et la raison séparées de leur fondement divin. C'est sur le témoignage de la nature que s'appuient certains penseurs pour nous montrer dans l'agrégat humain des individus que l'évolution a élevés un peu au-dessus de l'animalité, mais qui continuent sous des formes plus savantes et non moins cruelles la lutte pour la vie commencée dans la jungle primitive. C'est sur les raisonnements de la raison que d'autres s'appuient pour nous montrer dans la société politique la résultante d'une sorte de contrat passé entre les hommes, et dans lequel un mutuel échange de concessions a créé le droit.

Laissez le choix entre les deux philosophies à ceux qui

---

(1) Lamennais : *De l'indifférence en matière de religion.* L. 2.

trouvent aujourd'hui que la société est mal faite. Il ne leur sera pas plus malaisé de déchirer le contrat que d'en appeler sans autre forme de procès à la raison du plus fort.

Concluons, Mesdames et Messieurs. Pour maintenir l'ordre social, pour imposer la hiérarchie des droits autour du bien commun, pour faire accepter aux intérêts, mêmes légitimes la limite d'autres intérêts également légitimes, pour justifier contre les attentats privés et collectifs l'emploi de la force publique, pour empêcher la loi elle-même d'usurper le titre au droit et de dégénérer en tyrannie, pour obtenir, de ceux qui commandent et de ceux qui obéissent, une égale disposition à servir la chose publique, même jusqu'au sacrifice, il faut croire au droit, comme à un principe transcendant et immuable, ou plus simplement, il faut croire en Dieu.

Mgr. Julien.

COLLECTION
de la Chronique Sociale de France

Programme d'études pour Groupes ruraux et Guide du Conférencier agricole, par MM. H. Moro, J. Terrel et P. Lassale. Prix : 1 fr. 80 ; franco, 2 fr. 30.

La Vie sociale. — La Vie économique. — Programme d'études pour Groupes urbains, par P. Lassale. Prix : 1 fr. 50 ; franco, 1 fr. 85.

La Formation de l'élite rurale par les Cours sociaux agricoles, par Marius Gonin. Prix : 0 fr. 30.; franco, 0 fr. 40.

Un Secrétariat d'Action sociale dans le Sud-Est, par Rémy. Prix : 0 fr. 30; franco, 0 fr. 40.

Le Catholicisme social en face du Socialisme, par L. Coirard. Prix : 0 fr. 35; franco, 0 fr. 45.

Programme d'études pour les Groupes ruraux, 1919-1920, par M. J. Terrel. Prix : 0 fr. 75; franco, 0 fr. 85.

Institutions sociales fondées à Grenoble en faveur des Travailleurs, par M. E. Romanet. Prix : 0 fr. 75; franco, 0 fr. 85.

L'Œuvre sociale des Catholiques sous la III' République, par Louis Coirard. Prix : 0 fr. 35; franco, 0 fr. 45.

A la Recherche de l'Unité spirituelle, par J. Vialatoux. Prix : 0 fr. 75; franco, 0 fr. 85.

Ce qu'on fait aux Semaines Sociales, par M. l'abbé Desgranges. Prix : 0 fr. 25; franco, 0 fr. 35.

Les Semaines Sociales de France, ce qu'elles ont été dans le passé, ce qu'elles voudraient être dans l'avenir, par M. Eug. Duthoit. Prix : 1 franc; franco, 1 fr. 20.

Le Rôle social de la Femme, par M. l'abbé Thellier de Poncheville. Prix : 0 fr. 60; franco, 0 fr. 80.

La Préparation sociale de la Femme, par M. l'abbé Thellier de Poncheville. Prix : 0 fr. 60; franco, 0 fr. 80.

L'Idée de responsabilité dans la philosophie juridique et sociale de Dante, par Ch. Boucaud. Prix : 0 fr. 75; franco, 0 fr. 85.

La Littérature et nos responsabilités, par M. R. Valléry-Radot. Prix : 0 fr. 75; franco, 0 fr. 85.

Les fondements de l'obligation à l'impôt, par M. A. Boissard. Prix : 0 fr. 75; franco, 0 fr. 85.

Lettres à mon Cousin. Orientations morales et sociales, par M. Gonin. Prix : 5 fr. 25 (Edité par Gabalda, Paris.)

S. G. Mgr Dadolle, par un de ses amis. Prix : 0 fr. 30.

Une année de Travail au Secrétariat Social Catholique du Sud-Est. Prix : 0 fr. 75; franço, 0 fr. 85.

L'Alsace-Lorraine sociale, par Maurice Beauchamp. Prix : 1 franc. franco, 1 fr. 10.

Les Requêtes de la morale catholique, par Mgr Julien. Prix : 1 franc.

Organisation professionnelle et Cogestion, par M. Duthoit. Prix : 0 fr. 75.

La Crise de la production et la sociologie catholique, par M. Duthoit. Prix : 1 franc.

La Législation française du travail, par M. G. Piot. Prix : 1 franc.

L'Idée de civilisation dans la philosophie de Saint Thomas d'Aquin, par J. Vialatoux. Prix : 1 franc.

Le Syndicat et la Convention collective du travail, par J. Zirnheld. Prix : 0 fr. 75.

Références bibliographiques à l'usage des Secrétariats Sociaux, 1920-1921 Prix : 1 franc.

Pour la Justice entre Patrons et Ouvriers, par M. l'abbé Albert Valensin, professeur à la Faculté de Théologie de Lyon. Prix: 1 franc.

Le Titre au Porteur et les abus qu'il engendre, par M. Aug. Crétinon, bâtonnier de l'Ordre des avocats à la Cour de Lyon. Prix: 1 franc.

Le Bureau International du Travail et les Syndicats Agricoles, par M. Adrien Toussaint, secrétaire général de la Confédération internationale des syndicats agricoles. Prix: 1 franc; franco, 1 fr. 10.

Le Secrétariat Social Catholique du Sud-Est. Son but, son organisation, ses travaux en 1921. Prix franco: 0 fr. 75.

Le Syndicat dans ses rapports avec la hiérarchie catholique, par Georges Guitton, de l'Action populaire. Prix franco: 0 fr. 50.

Les allocations familiales. Origines, fonctionnement, situation actuelle. Prix : 1 franc.

Comment adapter l'Etat à ses fonctions économiques, par M. Eugène Duthoit. Prix 1 franc.

Comptes rendus des Semaines Sociales de France

Orléans (1905), épuisé............				
Dijon (1906)......................	Prix	4 20	franco	5 20
Amiens (1907).....................	—	4 20	—	5 20
Marseille (1908)..................	—	4 80	—	6 »
Bordeaux (1909), épuisé...........				
Rouen (1910)......................	—	6 »	—	7 60
Saint-Etienne (1911)..............	—	7 20	—	8 60
Limoges (1912)....................	—	7 20	—	8 60
Versailles (1913).................	—	7 20	—	8 60
Metz (1919).......................	—	10 »	—	10 80
Caen (1920).......................	—	12 »	—	12 80
Toulouse (1921)	—	12 »	—	12 80
Strasbourg........................	—	12 »	—	12 80

La table méthodique des matières contenues dans les comptes rendus des Semaines Sociales de France est envoyée gratuitement sur demande.

94.643 — Imp. du *Salut Public*, Lyon.